UM EBÓ DI BOCA Y OTROS [SILÊNCIOS]

tatiana nascimento

Conheça melhor
a Biblioteca Madrinha Lua.

editorapeiropolis.com.br/madrinha-lua

UM EBÓ DI BOCA Y OTROS [SILÊNCIOS]

tatiana nascimento

EDITORA Peirópolis

São Paulo, 2023

Copyright © 2023 tatiana nascimento

EDITORA **Renata Farhat Borges**
COORDENADORA DA COLEÇÃO **Ana Elisa Ribeiro**
PROJETO GRÁFICO E DIAGRAMAÇÃO **Gabriela Araujo F. Oliveira**
REVISÃO **Mineo Takatama**

Dados internacionais de Catalogação na Publicação (CIP) de acordo com ISBD

N244e   nascimento, tatiana

um ebó di boca y otros [silêncios] / tatiana nascimento – São Paulo: Peirópolis, 2023.
76 p.; 12 x 19 cm. (Biblioteca Madrinha Lua)

Inclui índice.
ISBN 978-65-5931-280-1

1. Literatura brasileira. 2. Poesia. 3. Poesia contemporânea. 4. Poesia escrita por mulheres. I. Título. II. Série.

2023-2460

CDD 869.1
CDU 821.134.3(81)-1

Bibliotecário Responsável: Vagner Rodolfo da Silva – CRB-8/9410

Índice para catálogo sistemático:
1. Literatura brasileira: Poesia 869.1
2. Literatura brasileira: Poesia 821.134.3(81)-1

Editado conforme o Acordo Ortográfico da Língua Portuguesa de 1990.

1ª edição, 2023

Editora Peirópolis Ltda.
Rua Girassol, 310f – Vila Madalena
05433-000 – São Paulo – SP
tel.: (11) 3816-0699
vendas@editorapeiropolis.com.br
www.editorapeiropolis.com.br

// *Tempo é um Ebó,
como me ensinou a rezar minha filha,
do alto de seus 1 ano y 8 meses:*

*"ebó di tempo, ebó di tempo,
ebó di tempo, mamain"*

// *este livro eu dedico*

*pra minha mãe y meu pai, que me inventaram
43 anos antes de hj.*

PREFÁCIO
amor preto, afeto preto, é a cura de todo o mal

kika sena

inspire .... de fora pra dentro .... o que for preciso para se lembrar do colo, carinho, caminhos que apontam para respostas sobre as ~~angústias~~ que herdamos com o tempo.

expire .... de dentro pra fora.... pra deformar o que prende uma corpa de sua liberdade e trans-for-mar o que torna ~~angústia~~ sentimento definidor da gente.

como se não faltasse ar: respire.

ainda existe ar aqui dentro e nas superfícies das peles, dos poros, da poesia.

como um convite ao resgate das fundas e infindas memórias que nos compõem pessoas pretas daqui e de outras terras além-mar é que *um ebó di boca y otros [silêncios]* é preciosamente artesanado.

a poesia de tatiana nascimento veio ao meu encontro lá pelas terras vermelhas do distrito federal, em 2016, quando a conheci na torre de tv enquanto eu performava um trabalho com poemas autorais.

foi amor à primeira poesia. logo por isso, mergulho
na sua escrita através do encontro com seu livro
lundu. 7 anos de tempo se passaram. e depois
de muitos atravessamentos/parcerias po-éticas
me reencontro com elas [tate e sua poesia],
re-tate-ando também sua escrita de mar, terra, sal
e poeira estelar: versos que compõem olhares que
nos futuram sonhos possíveis para/de gente preta.

a sensação que tenho é que tate produz poesia
exclusivamente pra gente preta/indígena, mas
que ecoa em outreridades além dessas. em
especial, neste livro, sou conduzida por muitas
memórias e pelo reconhecimento das raízes que
nos fundam e nos fortalecem, cheias de água
doce, salgada e salobra, e das potências do trânsito
trans-atlântico de nosso desembarque neste
pedaço de continente, ainda que premeditado,
escasso de referências mar-e-ternas.

um ebó di boca y otros [silêncios] respinga também sobre as
pausas que são precisas de serem feitas para o
resgate de uma ancestralidade que reside no
nosso sangue correndo desesperado em nossas
veias, trans-portanto oxigênio pro nosso coração,
mas amparado de uma sabedoria antiga. como
ela mesma diz em um de seus otros poemas,
dedicado a daisy serena: "lembra, e respira: / pra
chegar na beira do ar / tem que ver muito mar".

e tem que ver: com os olhos, os toques, os cheiros, os
arre-pios. mesmo que pra isso precisemos correr
desesperadas num descampado terreno vermelho:

manto de sangue. *um ebó di boca y otros [silêncios]*
ressignifica a cor da terra que a gente pisa,
prosperando abundância de vida: árvores frutíferas.

por mais que ainda existam memórias que não se devem
ser esquecidas, as das feridas, tate nos conta
mais sobre o amor, o tempo, o gozo e a memória
de criação que nos é herdado por nossa
ancestralidade como presentes. porque também
é isso que tate deseja comunicar: frutos prósperos
e próprios de uma gente que sabe também ser
trovão e semear benção. e ela já evidencia isso
em seu título e em suas primeiras oferendas,
ao reconhecer a sabedoria de sua filha, sua
mãe e seu pai: marcadores de afetos que nos
transbordam. ou quando volta a si mesma, na
eu-lírica do poema "y now, frágil", uma memória
que a faz lembrar do tamanho de sua grandeza
quando afirma a si própria:

> "eu já fui trovão e se eu já fui trovão eu
> sei ser trovão!
> eu sei ser trovão que nada,
> nada
> desfaz
> eu sei ser
> trovão
> y nada
> me desfaz".

■ *kika sena é poeta, atriz, arte-educadora
e diretora teatral.*

taipa (o big-bang do criacionismo)

curar não significa nunca mais
vai doer,
feliz não significa nunca mais
vai chorar

ser forte não é rigidez
(inquebrantável; tem alguma coisa,
na fragilidade, pra se
aprender)

matéria é uma casa que habita a gente no
finito da jornada. mesmo que cimento
prometa eternidades, é de mariô y
barro a lembrança da acolhida

(palha, ou clorofila morrida, y
tecnologia de terra muito molhada
que a primeira deusa, velha, lenta, escura,
                                        macerou)

perfeição é nome dum deus: a gente bota
pra morar na nossa falha. a gente,
que num passa de

poeira das colisões estelares,
poeira de *toque*, & o

dissolver faz estrelas:

um registro do fim
um pedaço do nada
um silêncio de vácuo
a memória do brilho, do

brilho

y saudade
do infinito.

v. 5

das pedagogias-pássaras:

sem esquecer que o pouso
faz parte das tecnologias-voo,
y que amar é uma arte um brin

quedo

~~perigoso~~precioso;

que a diástole am
a sístole, que a diáspora é
raízes, y o mar: kalunga-berço
da morte da vida do banzo da sorte;

sonha solo as passarice
dos voo-cedo. y mesmo que
longe-pareça, junta galho retalho
fé
calor
carinho

monta no alto dos poste o bando-ninho

(que amor
        talha
mas não farda; que mesmo
com medo faz ponte, regaço, é meio – caminho an

dado)

v. 5

um ebó de boca e outros silêncios

enquanto palavr escorrem gume
                entornam gota
                escapam gozo
                escrevem: água
em
quanto o poro emerge morro
        o riso entorta raiva
        y nos distorcem ontens
                (nada mais que
                            escravo
                nada mais que

coisa
    nada mais que
medo)

y nos repelem futuro
:
asa – machucado
línguas – cadeado
Orízonte – (gen)oxidado
;
eu trago um escape a queima-roupa
eu corto um tiro de vento em popa

eu conjuro um ebó di boca y otros silêncios
pra que não me falte o ar
pra quem é de se reinventar
pra gente se reencontrar do lado
                de cá:
                do mar:
                do desamor:
                dausência (de cor)

                pra história nossa
                trajetória-rota
                retambor me
                mória a(tra)
                vess:a
                dor

restinga

lembra:
que o que é fundamental
tem muito mais de funda
do que de mental

lembra que a gota
essencial
derruba uma tonelada
desse roseiral

lembra, e respira:
pra chegar na beira do ar
tem que ver muito mar

pisca, e restinga.
esse olhar cheio de sal
seu olhar cheio de sal
vai derramar

(repara que o cerrado é cilial
água escorreno escondida
sob a capital

repara que o cerrado é sideral
água morreno enterrada
pelo capital)

[pra daisy serena]

ser o laço:

entre a brisa e o furacão
sendo pluma, ser de aço. ser de mar
e de ser,

tão.

futuro do pretérito

eu queria ser poeta mas não sei
mais
vu

ar
                        mar

                        ri
                    mais
eu queria ser pássara mas não sei

a:paras

as aparas
do céu caem
na forma-partícul
a:reias.

eu que só quero
brilhar sem ferida me
deixo lamber pelas ondas,
gotas-sílicas

se grudam
ni mim..
feito eu fosse
concha deitada
na beira

do mar-constelado,
universo em
dexpansão

tudo traz na sua natureza passar,

ossos caindo areia queimando vidro quebrando
                        [cacos juntando pó,
                        [ventando, pra espraiá:
é da natureza de tudo chegar, e seguir suas
                        [andança – horizonte
                        [só é fixo até onde
as vistalcança

(y olhe lá)

v. 3
[numa v. 4 chamaria "na natureza de tudo traz passar", mas muito pedante né]

sobre o sol ser flor de fogo que pétalas

(que pólen):
incan
d
      e
           s
              c
                    e
                          m

;

seu perfume mudo como som:
não caminha pelo vácuo mas
fizesse
ia ter aquele cheiro ardido,
também.

finge
que um beijo
é uma máquina do tempo que o futuro
começou ontem nas pedras que o mar batiza
[que meu nome
é desejo &] água
trata todes como crias,
pequenas demais, como pérolas,

y "igualmente brilhantes"

minha casa não tem quintal:

eu tomaria esse sol da tarde na dobra das tuas
pálpebra: escuras que nem atlântico antes
                [da travessia;
rasgadas que nem ofá chama crohw-cohi no
                [idioma do vermelho
– antes da pirataria –

foz sagrada dum mistério.

eu adoraria você ao relento como fosse o próprio
                [sol do outro lado do mundo
nascendo meia-noite no calado-cedo/
                [táctil-míope, grave,
                [mudo-meu:
transe equatorial

gozo perdido de hemisfério.

lembra:

que um dia fomos memória
de toda mirada segura
se tempo todo não

passa

de uma distr
ação em ré
dó do sol

[dum retrato; v. 3]

...

paixão é vento se des
pesa nos   esc
ombros
cinza-saudade chama
gravitacio
now

...

cheio de lagri

mar, o meu peito tá cheio de lagri

mar. pra quem veio do lado de lá do mar, é

no peito que planta si-próprio: lar. cheio de lasti

mar, o meu peito num veio pra lasti

mar. pra quem pensa que banzo é sobre volt

ar, o futuro é um meio de retornar. cheio de l'amém

tar, o meu peito tá cheio de lá, men

tal. pra quem tejo do avesso do

tempo, mar, é no peito

que dança-si: um

baobá:

v. 7

essa é uma cidade que me dói também,
[mesmo deslumbre,

e traduzir o banzo
do que é impossível. saudade um mapa
da ponte entre navalha y perdão, valha-me,
o registro do sema é que me põe inóspita, y teu
aquele semba lá sobre o mar me percebeu que no
[teu peito,
como todo planeta habitável, mora um oceano
[próprio, ou teu

plexo

coronário

e esse poema é pra que eu nunca

me esqueça

que é da sua natureza

a fartura, a bonança, a surpresa das sementes,

que elas voam sempre (assim as árvores

caminham), e mais, ainda:

que no colo da terra ou

num talho de as

falto sempre

há pou

so

[pra nina ferreira]

a cor original da fibra

vento acordou os ouvidos cantando hinos
de fogo y liberdade
ela relembrou o povo vindo de que somos:

feitas de luta sim
y de amor também
de feridas sim
y de gozo também

e que: fomos rancadas sim
– 'ai', de um pio, pra erguer ráp
ida revoad anu talhando em negr
o céu cinza –

mas Luzia veio pelas próprias asas,
e que as penas brotadas em noss escápulas
eram pluma de algodão, eram pluma enc

ardida

de algodão.

transe(to)

morar
na paisagem
é coisa de quem
come relento y vive

                    de

                            passagem

plumas,

nadalém de silêncio
no paço depois do grito
(o desconforto é um lugar,

também,: ex-

passo)

e eu (quase) não minto quando (não) digo
que a saudade é um delírio

sideral

(quem sempre sonhou teto pode até
assustar quando
escápulas in

ventam

de brotar)

sem título 01
v.y

do escuro ter um brilho por si só,

o convexo central me talhou essafaltadear em
caso de conglomerado edificial, y eu acho quéssa
horizontalidade do cerrado me ensinou

das nebulosas não guardarem todo lume da noite,
das coisas me tomarem em febres (e
partirem feito dor de dentes),
do meu tempo indomável
(feito tudo que se
move)
só ser l e r d o na mesura d
ampulhet
alheia

e do relento perene se deitar em tudo tudo
tudo
como película mágica que por fim silencia

tanta
desigualdade[1]

(pessoas morrem, assim
como pedras y
rios y as

estrelas

também)

---

[1] em alguma outra versão esse verso era "tragédia"

polícia ou marido?
esposa ou bandido?
a festa do lado errado
do largo ou o amigo
que deu o tiro?
a alvura ou
o enc
ardido?

calvário ou apoca
líptico,

errante, ou mono
lítico,

herege ou
hetero
(fílico)

dime lo

**qual
é
você?**

sendo tudo que foge à média
tudo que mora na margem
sendo tudo que se fode,
que te fode, que:
(e se vc?) só fode, tudo
que é feio que fere que dói que corta
(que tudo navalha)

sendo tudo que impede o fluxo o luxo o ócio
lógico impele a falha implode o medo
expele a pele que evoca migalha

sendo o furo na sua bolha,
sendo tudo que te atrapalha,

sendo o lado errado o nosso sendo seu
virtude medalha sendo nosso o vício
a mortalha sendo seu
o herdado o espelho
nosso o omisso
o retalho

o sumiço na vala
o silêncio na escola
o suplício na história
sequer direito a memória
(re)legado: só lado direito
de mente nunca quem
sabe no máximo
sente

sendo quase

bicho

quase nem

gente

qual, de qual lado,

qual é, você?

sobre o homem que te passou doença
[no meio da rua

, y a mulher que quase levou minha fé quando
[partiu (e meu cora-sã) no
[meio do tempo:

sentindo falta dum amor que não tive com gente
[que quase tive
(e crente que me teve)
sentindo a forma duma dor mais velha que
[as parede
(e quase tão cariada) dum sobrado da sã salvador
sentindo a força dum agô mais longe que a ideia
[de ocidente
(essa que quase – quase – inciviliza a gente) que
[a índole
do oceano que um ícone

desse engano

um acidente difuso
visual desigual
(ela me via

cores,

sem

grau)

daquilo que não me representa nem me espelha
[mas me
perimetra,
continente. sentindo a fala na espreita entre o
[palato e o dente
sentindo o silêncio na pele dormente, no desejo
[que finge e nunca
mente: uma febre é uma febre é uma febre é uma
[febre: malária. terçã. zyka.
[paixã –

ou reza(, "a menina é pagã", a mãe disse ela disse
[(e que quase era amor quem
[socou sua boca em flor)),

e a noite é o avesso espesso da manhã mas
                    [igualmente brilhante,

lembre

se.

lesbian lover bajo un cielo mayo:

la noche ca
liente, o céu trans
bordado de estrellas.
quisera eu, tão romântica,
imitar Carolina y recortar un

pedaço de céu pra te fazer uma camisa

(de gola y pala, pence, punho, carcela, botão.

bem

masculina)

v. 44

o navegador,

que na verdade é uma presunção
(vive tão longe do mar, enfurnado em bytes,
em co-working stations de gente leve, herdeira, des
colada),
me contou de Cassini: Cassini e os anéis de saturno,
Cassini e a dissolução, Cassini e os mares de vida
                [minúscula
(que Cassini pode contaminar, caso cientistas não
                [impeçam, mas
"vão tentar"), Cassini e as luas de Saturno:
                [Cassini e Pandora, Cassini &
Titã.[2]

---

[2] eu sempre me confundi com astrologia e astronomia até os 12, 13 anos (as palavras, mesmo. hoje sei que é tudo sobre algum tipo de matemática, ou seja, algum tipo de fé). eu sempre me admirei como pedaços de aço e combustível podem voar tão longe e ainda fo-to-gra-far (sem dilatação orgânica de pupilas). eu sempre me admirei como vácuo é lugar propício à órbita, ou duns: precipício. e eu tava lendo essas notícia quando suas retina, orbitando sobre mim, me derreteram: Cassini, e a devassidão de Saturno etc etc etc.

fiquei aqui batendo **cupuaçu** em musse
pra fingir "você é doce", mas da tal doçura tua
só relembro minha esperança. carapuça de açúcar
não te cai bem nem nessa fruta, y não (me)
        [confunda: negrume
é negrume; azedume é só uma rima, entre/tanto
        [(im)possível.

tome bem cuidado o coração, fulana, y ai se eu
        [tinha me lembrado
& te dado esse conselho antes do seu gume azedo
        [me partir o coração,
fulana, &

ai se eu tinha
te lembrado mais foice,
foi-se o açucado, soubera eu que tu me talhasse o

coração, y

ai...

meso-zói-k

os olhos do mundo têm uma fresta
por onde se vê, quanto lindo,
tanto passa(n)do

as vozes do mundo emprestam um som
de vestígio ao natural das coisas,
levitando dúvidas

nota-se que a mirada do mundo mora em silêncio,
e que do teto de sua garganta entorna
uma lágrima (estalactada)

seu pranto mimado antecipa um carnaval de vésp
eras: mundo vasto cabe num ponto final,
por enquanto, numa quarta-

feira cinza dum vulcão qualquer,
magma velho der
retido

[versã ∞]

no
big
bang in
vertido.

cocaína

eu te procurei

no tinder

no tíner

no timo

no tipo de comentário que desse entender

...

um triz

um "vem?"

um vento

nu vem

dissol

vi na dú

vida se tu

num vem de

num ouvir ou num

enten

deu

nem

quis

(né possível não um vício assim ser amor, gente)

pause rec play >>

eu nunca prestei pra: procrastinação
nada me deixa mais perezosa que (de)pressão,
despressuriza total eu di
vago...
sou do tempo em que o tempo escorria
[amanheceres,
em vez de es
coar crono
metrado em guilhotina de ponteiro;
& da perspectiva de que o períneo é um
[perímetro do prazer y
que se o prazer começa constante, y lento, por
[um bom
tempo só depois de algum tempo dá pra meter
rapidez

mas com tanto
prazo
os prédio
polímero. es
crutínio de ponto eletrônico

grama em tablete morte em pacote
amor em migalha
"tempo real"
=

transmissão satelariassistida em
compulsoria(in)voluntária ma
lembe, relaxa, de boa, só:
pára. (eu
sou de opinião que fizemos tempo
em navalha)
<< rewind

Wind Wind Wind,
(que eu sou do tempo do videocassete também,
dava uma pausa na cena favorita, voltafita y
dá play no s l o o o w m o o o t i o o o n)
a única urgência que presta é se livrar dessa
        [pressa
(ou intão quando um poema in:vita pra dança.
        [mas cidade y seus

BPM cidade y seus TICTAC cidade y suas sirene
meus tambor plexo-dentro são tão
orgânico
contregum
contresses ritmo
m e c â n i c o)

pedagogias do romance na modernidade ocidental #1

nunca te pedi

nada

nunca de(s)feri

palavra

que pudesse te

exaurir

sempre me ofertei

doada

inteira

marcada

(sou história também

vivo

de(s) memória)

mesmo tando errada

me despi

y pra num ter que despedir

de você

chorei só

no você ir

(ou só ri)

mas eu li tua pele, y aprendi
teu silêncio de maré amuada:
coração
talhado a navalha

só ama que nem
facada
só promete que nem
foice
só se dá que nem
açoite

se eu fosse assim,
quinem você,
a noite sangrava inteira tb.

("porque quem dá mesmo
num diz")

amor
talha:
silêncio em teus olhos
de estrela que já
explodiu
(então

brilha)

insulina

eu fiz de um
tudo pra te expli
car como eu tava sen
tindo doce de buriti calma
ria arduíno apaguei poste água
de chuva no deserto de agosto toqu
ei palma fui na esquina da tua casa falei
das passarice eu sonhei infográficos datilogra
fei brotei cã nos cocodrilos y su pranto: sádico de
cantei drink fantástico licor de marzipã eu
                  [plantei teto de
vidro: fruta-pã pinha pequi caqui cajá romã
                  [bacuri amora tempo
rã, até atemoya lúcuma cu
puaçu a carne doce que guarda a castanha do
                  [baru, tu
cumã. avocado. em vã. eu passei

o cúmulo do vazi

o carnaval no esti

o madrugal no ci

o pixe-breu no brio do meu

eu

fiz até

barulho

nada/resolveu:

a doçura da minha padilha transborda demais

a loucura da ilha do seu ceticismo dia

bótico dia

bélico a

teu.

nuvem

dissolvid em veladura
entornando horizonte 90° ou
quase (que me pegou essa onda tod
a cinza) derramando céu. trás da pintura,
■□ a cidade y seus sacri
■ O ■ O ■ ■ O ■ ■ fícios
O ■ O ■ O O ■ O ■ O O ■ O edi
■ ■ O ■ ■ ■ O ■ O ■ ■ O ■ fícios

[Orifícios des
aguantes enchuvada...
vó, a Índia[3], me ensinou
ler essa moldura
anos antes]

3 Cassandra chamava ela de A Bruxa, tb.

xíhuitl, a queda (v.4)

por toda la noche soñé contigo
volaste
uma aeronave cantasse
uma serenata llevaste
toda mi cansera minha pereza la marea meu
desejo
acordei num desajunto, se esvair na madrugada
memória inventada / memória arenada / sau
dade sonhada bajo pestanas cerradas
"tu fuiste la que pusiste tu cara sobre la mía,
la mar
las olas de la mar"
e um amargo de levedo, cilantro y capim santo
sazonou meu
desayuno,
é outra manhã

(o silêncio de Philae foi pra deitar
no cometa)

segreda-me ou...
(a/c "cornucópula", do samuel)

o traço tão

reto a mancha tan

vieja

de tanto que céu virá

tierra;

fauno ou Exu,

Lufã y erê:

bel

zebu?

bel

prazer

apocalipse artrópode

a festa do fim de tarde é na beira do
dia, 15º da linha esverdiçada do
cerrad
oceânico
dançam pares
(uns milhares) contr as
cores rajadas do pastel perolado

povo
ando
céus

(y essa hora, essas cor, são nome d
uma deusa, sabia?) a festa da vida é
tons de voo y dourado, asa-queratins
quebradiças que nossa desnatureza,
in
contente de num saber imitar,
si
contenta em des

troçar

a festa do fim do mundo: antecip
a retina queimada do sol passeando ca
minho em círculos moles, holograma-teia
de negativo neon CMYK. nossa trajetória (curta,
reza a sabedoria, desumana) por este planeta:

tamo fazendo um
estrago, verdade,
mas vamo ser tão
esquecido na memória

equinoderme

de porcelana invertebrada que passeia o ar
(quase seco demais da capital de concreto
. diz que já era tempo de chuva entre as
monções, mas cimento pra secar

bebe muita

água)

[a gente chamando inútil,
os inseto. quanto
eles, habitando
nosso
entulho:
é nossa gente acabar,
que é de suas gentes o mundo. amém.]

com a benção de Oxalá

seu nome uma mancha bonita
carrega meu plexo: aquela dignidade
de quem já sangrou y bem tranquilamente
cose no tempo suas cicatriz,
balança no vento:
bandeira rosa, é,
mas rosa san
grado que
ele deu
pra ap
assentar Onira, viu?
né coisa de cor de barbie
não

(que todo amor vira
velho no tempo
, y tudo
que é velho
agridoça licor)

y now, frágil

nau:frágio
y now frágil, frágil, frágil...
(tudo do
ído fud
ido lasc
ado cortado machucado y now
frágilfrágiofrágilfrágiofrágilynow)
a lógica da deriva: num
olhar pro
atrás

                              (meio
                              de meiose?
                              não, de ponte
                              caminho, passagem:
                              atravessar)

    o mágico da diáspora: des

                        membrar terra-chão

(mito,
de mitose?
não, de Itan,
si re-cont
ar)

              mas se eu já fui trovão
              que nada desfez
              eu sei ser
              trovão
              que nada desfaz, nem

o capataz
nem a solidão
estupro corretivo contra
sapatão
os complexo de contenção:
hospício é a mesma coisa que presídio é a mesma coisa que
escolamesmacoisquepresídioamesmacoisquehospício
amesmacoisqu
as políticas
uterinas
de extermínio
dum povo que não é
reconhecido como civilização

(mas eu sei ser trovão,
porque já fui, trovão,
eseeuseisertrovão

que nada desfez
eu vou ser t r o v ã o
que nada diz-
faz)

nemsolidãonemcapatazestuprocorretivocontra
sapatão a loucura da
solidão capataz queimarem
a herança
de minhas
ancestrais
cláudia
arrastada pelo camburão
rafael braga
na prisão
amarildo sum
ido pelo

caveirão
111 tiros contra
5 corpos
111 corpos
mortos
na prisão
(que é mesmacoisque hospício é a mesma coisa que presídio
é a mesma coisa que
escolamesmacoisquepresídioamesmacoisquehospício
amesmacoisqu)

eu sei ser trovão?
que nada desfaz?
(nem a solidão
golpistas contra a eleição
agronegócio
marido
padre
patrão)

eu já fui trovão e se eu já fui trovão eu sei ser trovão!
eu sei ser trovão que nada,
nada
desfaz
eu sei ser
trovão
y nada

                                              me desfaz

                                              Epahey
                                                Oyá

POSFÁCIO
Socos precisos
Ana Elisa Ribeiro

Tatiana Nascimento não se escreve assim. A despeito de sua poesia maiúscula e feroz, ela assina tatiana nascimento, com iniciais em caixa-baixa. Foi assim que a conheci, por meio de poemas publicados em redes sociais e em pequenas séries de versos lançados aqui e ali. Passei a segui-la e a ver também sua atuação na padê, editora em que ela dá as cartas. Por muitas razões, não é incomum que poetas sejam também editores, de si e de outros/as poetas. Lendo essa poeta nascida no Planalto Central, cuír, n/b, negra, mãe e politicamente ativíssima, fui me encantando com os versos cheios de uma força surpreendente, arguta crítica social, recebendo os socos precisos que essa voz lírica dá. Como se não bastasse, tatiana nascimento faz renascer a língua portuguesa, mesclando castelhano e outras paragens em seus versos que formam caudalosas estrofes.

No geral, ela não é do poema curto. A poesia de tatiana ocupa espaço, mas não deixa sobrar palavras.

Para quem acha, muy erroneamente, que
a poesia é o lugar do lirismo piegas, do
verso limpinho e do vocabulário bonito –
e ainda há quem ache mesmo –, a poesia
dessa brasiliense é uma aula de revolução,
denúncia e insurgência. Das boas. Estão aí
temas potencialmente fofos, como o amor, a
maternidade e a melancolia, mas vestidos com
as roupas de quem sabe o tom e as exigências
da luta. tatiana nascimento reeduca. Trata
também das questões raciais, das chagas sociais
ligadas ao racismo, ao preconceito etc., mas sem
abandonar, nem por um segundo, a poesia.

Este é um livro que tatiana guardava para agora.
E que esta coleção esperava com ansiedade.
A Biblioteca Madrinha Lua pretende reunir
algumas das poetas que nos aparecem pelas
frestas do mercado editorial, pelas fendas
do debate literário amplo, pelas escotilhas
oxidadas enquanto mergulhamos na literatura
contemporânea. Já no final da vida, Henriqueta
Lisboa, nossa poeta madrinha, se fazia uma
pergunta dura, sem resposta previsível, em
especial para as mulheres que escrevem: "Terá
valido a pena a persistência?". Mais cedo ou mais
tarde, todas nos perguntamos isso. Não terá sido
por falta de persistência e de uma coleção como
esta, que traz agora à cena o impacto dos versos
de tatiana nascimento.

ÍNDICE DE POEMAS

taipa (o big-bang do criacionismo) 11

das pedagogias-pássaras: 13

um ebó de boca e outros silêncios 15

restinga 17

ser o laço: 19

futuro do pretérito 20

a:paras 21

tudo traz na sua natureza passar, 22

sobre o sol ser flor de fogo que pétalas 23

finge 24

minha casa não tem quintal: 25

lembra: 27

Sem título 28

baobá: 29

essa é uma cidade que me dói também, mesmo deslumbre, 31

a cor original da fibra 33

transe(to) 34

plumas, 35

sem título 01 36

qual é você? 38

sobre o homem que te passou doença no meio da rua 41

lesbian lover bajo un cielo mayo: 44

o navegador, 45

meso-zói-k 47

cocaína 49

pause rec play >> 50

pedagogias do romance na modernidade ocidental #1 53

amor   55
insulina   56
nuvem   58
xíhuitl, a queda (v.4)   59
segreda-me ou...   60
apocalipse artrópode   61
com a benção de Oxalá   64
y now, frágil   65

FONTES **Eskorte e Ronnia**
PAPEL **Pólen bold 70 g/m²**
TIRAGEM **1000**